I'M HEALING MYSELF

J.S. AAKASH
DR. UTSAV GUPTA

CONTENTS

Foreword

हर इंसान के जीवन में एक ऐसा मोड़ आता है, जब वह खुद से सवाल करता है—"क्या मैं ठीक हूँ?" इस किताब "I'm healing myself" की यात्रा भी ऐसे ही एक सवाल से शुरू होती है।

यह सिर्फ एक कहानी नहीं है, बल्कि आत्मा के उस गहरे कोने की पुकार है जहाँ हम अपनी टूटन, अपनी भूलों, और अपने संघर्षों को महसूस करते हैं... और फिर, खुद को समेटकर, फिर से जीना सीखते हैं।

लेखक ने बड़ी सादगी और सच्चाई से अपने अनुभवों को शब्दों में ढाला है। बचपन की मासूम गलतियाँ, समाज की कसौटियाँ, और जीवन की कठिन राहें — सब कुछ इस पुस्तक के पन्नों में सांस लेता है।

लेकिन यह सिर्फ अंधेरे की बात नहीं करती; यह उस रोशनी की ओर भी इशारा करती है, जो भीतर से आती है — जब हम खुद को माफ़ करना और फिर से प्यार करना सीखते हैं।

यह किताब उन सभी के लिए है जो कभी टूटे हैं, भटके हैं, या थक गए हैं। यह एक दर्पण है — जिसमें आप खुद को पहचानेंगे, और एक दरवाज़ा — जो आपको उम्मीद की ओर ले जाएगा।

"I'm healing myself" एक संदेश है — कि जब हम खुद को समझना शुरू करते हैं, तब ही हम सच में जीना शुरू करते हैं।

आप इस यात्रा का हिस्सा बनने जा रहे हैं — एक ऐसी यात्रा जो आपको सिर्फ एक कहानी नहीं, बल्कि खुद की झलक दिखाएगी।

AUTHOR - J.S. AAKASH

CO-AUTHOR - DR. UTSAV GUPTA

Date : 16 April 2025

Preface

मैंने यह किताब तब लिखनी शुरू की, जब जीवन ने मुझे रुककर खुद से बात करने का मौका दिया। यह सिर्फ कुछ पन्नों में बँधी कहानी नहीं है, बल्कि मेरी आत्मा की वो पुकार है, जिसे मैं वर्षों तक अनसुना करता रहा।

"I'm healing myself" मेरे भीतर की उस यात्रा का चित्रण है, जो बचपन की मासूमियत से शुरू होकर ज़िंदगी की कठोर सच्चाइयों से टकराती रही। मैंने गलतियाँ कीं, लोगों को खोया, खुद को खोया — लेकिन उसी खोने की प्रक्रिया में खुद को फिर से पाने का रास्ता भी मिला।

यह किताब उन सभी भावनाओं का संग्रह है, जिन्हें हम अक्सर नजरअंदाज कर देते हैं — दर्द, पछतावा, अकेलापन, और फिर अंत में उम्मीद। इसमें वो सारी बातें हैं, जो मैं खुद से करना चाहता था, लेकिन कभी हिम्मत नहीं जुटा पाया।

मैंने महसूस किया कि healing का पहला कदम है — स्वीकार करना। स्वीकार करना कि हम भी टूट सकते हैं, भटक सकते हैं, और फिर भी आगे बढ़ सकते हैं।

यह किताब सिर्फ मेरी नहीं है — यह हम सबकी है, जो कभी न कभी खुद को समेटने की कोशिश में लगे रहे हैं। ये हर उस इंसान के लिए है जो अपनी गलतियों से सीखकर, अपने घावों को सहलाकर, फिर से खड़ा हुआ है — थोड़ा थका हुआ, लेकिन थोड़ा और समझदार, थोड़ा और मजबूत।

अगर इस यात्रा में मेरी कहानी आपके दिल को छू पाए, आपको खुद से जोड़ पाए, तो यही मेरी सबसे बड़ी जीत होगी।

मैं अब भी ठीक हो रहा हूँ... लेकिन अब मैं मुस्कराते हुए आगे बढ़ रहा हूँ।

— [J.S. AAKASH & DR. UTSAV GUPTA]

Acknowledgments

इंसान के जीवन को अगर एक तराजू में रखे तो उसमें एक पक्ष में उसकी जिम्मेदारियां और दूसरे पक्ष में उसके सपने होते है, और ये दोनों पक्ष किसी भी व्यक्ति के जीवन के सबसे महत्वपूर्ण पक्ष साबित होते है।

लेकिन सबसे बड़ा सवाल ये है कि क्या कोई व्यक्ति इन दोनों पक्षों को एक साथ एक बराबर रखकर अपने जीवन मे आगे बढ़ सकता है?

हमारे नजरिये से मान लीजिए कि क्या हो जब दोनों में से कोई एक पक्ष बारी हो जाये, यदि जिम्मेदारियों का पक्ष बारी हुआ तो मनुष्य अपने सपनो से अपने लक्ष्य से दूर होता चला जाता है और हो सकता है कि आपके जीवन मे भी शायद ये पक्ष बारी हुआ हो या भारी है।

और अगर उसके सपनो का उसके लक्ष्य का पक्ष भारी हुआ तो इंसान अपनी जिम्मेदारियों से अपने रिश्तों से दूर होता चला जाता है। शायद इसलिए किसी ने ठीक ही कहा है कि "कुछ पाने के लिए कुछ खोना पड़ता है"।

इंसान जब होश संभालता है तब वो अपने जीवन के प्रति सपने देखना शुरू करता है और ये सपने ही उसे उसके जीवन का लक्ष्य बताते है परंतु जीवन मे कई परिस्तिथिया ऐसी भी निकल कर सामने आती है जिनसे इंसान टूट जाता है उसके सपने टूट जताते है, ऐसी परिस्थिति में एक इंसान को कैसे खुद से समझौता करना चाइये, कैसे खुद को संभालना चाइये?

सवाल फिर से वही है कि कैसे एक इंसान अपने जीवन के उस तराजू के दोनों पक्षो को संतुलित रखे?

Acknowledgement

"टूट के गिरा हूँ, गिर के बिखरा हूँ

बिखर के ही खुद को समेट पाया हूँ।

इस सपने और जिम्मेदारियों के बीच में,

मैं खुद को खुद में ढूंढने आया हूँ।।"

"टूट के गिरा हूँ, गिर के बिखरा हूँ

बिखर के ही खुद को समेट पाया हूँ।

इस सपने और जिम्मेदारियों के बीच में,

मैं खुद को खुद में ढूंढने आया हूँ।।"

ABOUT THE AUTHOR

Dr UTSAV GUPTA एक एनेस्थीसिया डॉक्टर हैं, जो अब अपनी पहली किताब "I'M HEALING MYSELF" के साथ लेखन की दुनिया में कदम रख रहे हैं। डॉक्टर के रूप में अपने अनुभव और ज़िंदगी की सीखों को उन्होंने इस किताब में सरल और भावुक अंदाज़ में बाँटा है। यह किताब इलाज और इंसानी भावनाओं का मेल है, जो दिल को छूने वाली बातें कहती है। मरीजों का इलाज करते हुए अब वे अपनी बातों और कहानियों से भी लोगों की ज़िंदगी को छूने की कोशिश कर रहे हैं।

DR. UTSAV GUPTA (DELHI)
MBBS IN 2014 (PUNJAB)
DNB IN 2022 (RAJASTHAN)

J.S. AAKASH एक संवेदनशील और विचारशील लेखक हैं, जिनकी यह चौथी किताब है। इससे पहले की किताब में उन्होंने विभिन्न कहानियों के माध्यम से पाठकों को जीवन की विविध भावनाओं से परिचित कराया। लेकिन इस बार, उन्होंने एक नई दृष्टि से लेखनी को आकार दिया है।

इस पुस्तक में उन्होंने अधूरे सपनों की टीस से लेकर बचपन की मासूमियत और जीवन की छोटी-बड़ी चुनौतियों को गहराई से देखा है। J.S. AAKASH मानते हैं कि अधूरे सपने कभी-कभी इंसान को भीतर से तोड़ देते हैं, लेकिन वही सपने हमें खुद को समझने और नया रास्ता तलाशने की प्रेरणा भी देते हैं।

उनकी लेखनी सरल है, लेकिन भावों से भरपूर—जो सीधे दिल से निकलकर पाठकों के दिल तक पहुँचती है।

J.S. AAKASH (RAJASTHAN)
NATIONAL INSPIRE AWARDE 2016 (DELHI)
OT TECHNICAL IN 2019 (RAJASTHAN)

1. बचपन की बेंच यादों का बॉक्स

पंछी उड़ान तभी भर पाएगा
जब उसे पिंजरे से बाहर रखा जाएगा
अगर बांध लिया उसके बचपन को पिंजरे मैं
तो वो अपना असली अस्तित्व ही भूल जाएगा।
- DR. UTSAV GUPTA

वक़्त… सुनने में जितना छोटा लगता है, इसकी कहानी उतनी ही गहरी, उतनी ही रहस्यमयी है। यह हर अच्छी-बुरी घटना का एकमात्र गवाह है। इसने युगों को बदलते देखा है, भावनाओं को करवट लेते देखा है, इंसानों को ढलते देखा है… और इसी ने मेरे जीवन के रंग बदलते भी देखे हैं।

पर सोचो, अगर तुम्हें कभी मौका मिले इस वक़्त को रोकने का, इसे मोड़ने का, इसे पीछे घुमाने का—तो तुम कहाँ जाना चाहोगे? कौन-सा समय होगा जो तुम्हारे दिल के सबसे करीब होगा और क्यों?

मुझे पता है, यह सवाल सुनकर थोड़ा अजीब लगता है। समय को मोड़ पाना, उसे पकड़ पाना… यह तो किसी अधूरी कल्पना जैसा है। लेकिन अगर कभी यह मुमकिन हो, अगर कभी मुझे यह ताकत मिले कि मैं समय की रेखा के उस पार जा सकूँ, जहाँ मेरी मनचाही उम्र मेरा इंतज़ार कर रही हो—तो मैं सीधा अपने बचपन में जाना चाहूँगा।

मुझे हमेशा लगता है कि वहाँ कुछ छूट गया है… शायद किसी गली के मोड़ पर, किसी पुराने गार्डन की झूले वाली सीट पर, या फिर स्कूल की उस कोने वाली बेंच पर, जहाँ कभी मैं घंटों बैठकर दुनिया के सबसे बेपरवाह सपने देखा करता था।

मैं वहाँ जाकर उस नन्हे बच्चे से फिर से मिलना चाहूँगा, जिसे मैंने अपने ही बचपन में कहीं खो दिया... वो जो बेफिक्र था, जिसकी हँसी बिना वजह गूंजती थी, जिसके दिल में किसी बात की चिंता नहीं थी। शायद वह अब भी वहीं मेरा इंतज़ार कर रहा होगा।

अगर कभी समय मुझे यह तोहफा दे... तो मैं लौटकर उसे फिर से गले लगा लूँगा।

बचपन की छूटी गलियाँ

मेरा नाम रौनक है, और मेरी उम्र 14 साल है और यह मेरी कहानी है। यह कहानी सिर्फ मेरी नहीं, बल्कि उन सभी बच्चों की है जो आजकल किताबों के बोझ तले दबे जा रहे हैं। मैं अपने बचपन को याद करता हूँ, और महसूस करता हूँ कि आज के बच्चे भी उसी दौर से गुजर रहे हैं—बस फर्क इतना है कि उनके पास अब खेलने के लिए समय नहीं बचा।

मुझे आज भी याद है, जब हम सुबह होते ही अपने दोस्तों के साथ गलियों में दौड़ते-भागते थे। क्रिकेट, फुटबॉल, छुपन-छुपाई—ये खेल हमारी दुनिया हुआ करते थे। लेकिन आज, वही उम्र के बच्चे किताबों ट्यूशन और सोशल मीडिया के बीच उलझे हुए हैं। ऐसा लगता है जैसे उनकी मासूमियत उनसे छीन ली गई हो। मुझे समझ नहीं आता कि आखिर इतनी छोटी उम्र में उन पर इतना बोझ क्यों डाल दिया जाता है?

"हर चीज़ का एक सही वक्त होता है..."

पढ़ाई-लिखाई ज़रूरी है, इसमें कोई शक नहीं, लेकिन क्या खेलने-कूदने का भी एक वक्त नहीं होता? क्या उन पलों को किताबों के बोझ तले दबा देना सही है? जिस उम्र में बच्चों के हाथ में बैट-बॉल, पतंग, और खिलौने होने चाहिए, उस उम्र में उनकी हथेलियों में मोटी-मोटी किताबें और मोबाइल थमा दिया जाता हैं।

एक शाम, जब मैंने अपना बचपन देखा...

एक दिन की बात है। मैं ट्यूशन से घर लौट रहा था, साइकिल पर तेजी से पैडल मारते हुए। रास्ते में एक पार्क पड़ा, जहाँ कभी मैं घंटों खेला करता था। अचानक मेरी साइकिल वहाँ जाकर रुक गई। मैंने उस पार्क की ओर देखा— वहीं, जहाँ कभी मैं और मेरे दोस्त बेपरवाह होकर दौड़ा करते थे।

वहाँ मेरी ही उम्र के कुछ बच्चे खेल रहे थे—हँस रहे थे, गिर रहे थे, फिर उठकर भाग रहे थे। उनके चेहरे पर जो खुशी थी, वो मुझे अजनबी सी लगी। और तभी एक अजीब अहसास हुआ—"क्या मैं उम्र से पहले ही बड़ा हो गया?"

मैंने अपनी साइकिल वहीं खड़ी कर दी और कुछ देर के लिए एक कोने में बैठकर उन बच्चों को देखता रहा। उनके खिलखिलाने की आवाज़ मेरे बचपन की याद दिला रही थी। मुझे एहसास हुआ कि मैंने खेलना छोड़ दिया था, सपने देखने बंद कर दिए थे, और ज़िन्दगी बस एक रूटीन बनकर रह गई थी।

उस दिन मुझे महसूस हुआ कि बचपन दोबारा नहीं आता। एक बार जो मासूमियत खो जाती है, वो फिर कभी लौटकर नहीं आती।

तो क्यों न बच्चों को बच्चा ही रहने दिया जाए?

बचपन की वो बेंच

10वीं कक्षा – एक ऐसा पड़ाव, जो हर बच्चे के लिए एक बड़ी चुनौती बनकर आता है। एक ओर सपनों की उड़ान, तो दूसरी ओर किताबों का बोझ और इन दोनों जिम्मेदारियों को तराजू के दो पहलू की तरह संभालता जब मैं, रौनक, पहली बार 10वीं कक्षा की बेंच पर बैठा, तो मैंने देखा कि पूरी कक्षा में एक गम्भीर माहौल था। चारों तरफ बच्चे किताबों में सिर गड़ाए थे, चेहरे पर चिंता की लकीरें थीं, और मन में परीक्षा का डर।

मैं तो यहाँ नए दोस्त बनाने आया था, कुछ हंसी-मजाक करने की उम्मीद थी, लेकिन किसी ने मेरी तरफ देखा तक नहीं। ऐसा लग रहा था जैसे इस कक्षा में सिर्फ किताबें ही दोस्त हैं। मैं चुपचाप पीछे की बेंच पर बैठ गया और क्लास के माहौल को देखने लगा। मन में एक अजीब-सा डर उठने लगा – "अगर

मैंने भी इनकी तरह मेहनत नहीं की, ट्यूशन नहीं ली, तो कहीं मैं पीछे तो नहीं रह जाऊंगा?" क्या इस भीड़ में मेरी कोई पहचान बनेगी?

दिन बीतते गए। घरवालों की चिंता बढ़ने लगी। उनके लिए मेरा बचपन अब सिर्फ किताबों और नंबरों तक सिमट गया था। उन्होंने मुझे स्कूल के बाद ट्यूशन क्लास जॉइन करवा दी। दोस्तों के साथ मस्ती करने के पल कहीं खो चुके थे। जो वक़्त पहले मैदान में बिता करता था वो वक़्त अब ट्यूशन क्लास में गुजर रहा है।

कभी-कभी सोचता हूँ – "क्या सच में 10वीं कक्षा इतनी मुश्किल थी, या हम बच्चों पर इसका बोझ ज़रूरत से ज़्यादा डाल दिया जाता है?" क्या स्कूल की वो बेंच सिर्फ पढ़ाई के लिए बनी थी, या उस पर दोस्ती, हंसी, और बचपन की यादें भी बनाई जा सकती थीं? यद मेरे जैसे बहुत से बच्चों का बचपन स्कूल की बेंच पर ही कहीं छूट गया...

""रौनक की खोई हुई मुस्कान""

रौनक एक होनहार और जिज्ञासु लड़का था। उसकी आंखों में सपने थे, लेकिन अब उसकी मुस्कान कहीं खो गई थी। कभी वह अपने दोस्तों के साथ ग्राउंड में दौड़ता, हंसता, खेलता था, लेकिन अब उसका सारा वक्त किताबों, ट्यूशन और परीक्षा की तैयारी में बीतने लगा था। हर दिन स्कूल से आते ही उसे ट्यूशन जाना होता, फिर घर आकर होमवर्क और अगली परीक्षा की तैयारी।

धीरे-धीरे, उसका मन खेलों से हटने लगा। वह अपनी उम्र के बच्चों की तरह बेफिक्र होकर हंस नहीं पाता था। पहले जहां उसकी दुनिया दोस्तों, कहानियों और खेलों से भरी थी, अब वहां सिर्फ अंकों और ग्रेड्स का राज था। उसकी आंखों की चमक धीरे-धीरे फीकी पड़ने लगी।

""बचपन का खोना और उसका प्रभाव""

शुरुआत में रौनक को लगा कि यह सब उसकी भलाई के लिए है, लेकिन समय के साथ वह चिड़चिड़ा और अकेला महसूस करने लगा। पढ़ाई का दबाव बढ़ता गया, और उसके आत्मविश्वास पर इसका असर होने लगा। उसे लगने लगा कि अगर वह अच्छे नंबर नहीं ला पाया, तो वह असफल हो जाएगा। यह डर उसके मासूम मन पर भारी पड़ने लगा।

जब एक बच्चे से उसका बचपन छिन जाता है, तो वह धीरे-धीरे जीवन की खुशियों से कटने लगता है। उसका मानसिक और शारीरिक विकास प्रभावित होता है। खेलों और दोस्तों से दूरी उसे अकेला बना सकती है, और कभी-कभी यह मानसिक तनाव और उदासी का कारण भी बन सकता है।

समस्या का हल

एक दिन, रौनक के स्कूल में एक नया शिक्षक आए—राकेश सर। उन्होंने बच्चों से कहा,

""अच्छे नंबर लाना जरूरी है, लेकिन क्या तुम जानते हो कि असली सफलता क्या है? वह है खुश रहना, सीखना, और अपने जीवन को संतुलित रखना!""

रौनक ने यह सुना और पहली बार उसे एहसास हुआ कि वह केवल पढ़ाई के लिए नहीं, बल्कि खुद के लिए भी जी सकता है।

राकेश सर ने स्कूल में एक नई पहल शुरू की—""खेलो और सीखो""। अब हर दिन कुछ समय खेलों और रचनात्मक गतिविधियों के लिए रखा गया। धीरे-धीरे, रौनक को अहसास हुआ कि पढ़ाई और खेल साथ-साथ चल सकते हैं। उसने फिर से ग्राउंड में जाना शुरू किया, अपने दोस्तों के साथ समय बिताया और पाया कि जब वह खुश रहता है, तो उसका दिमाग भी बेहतर तरीके से काम करता है।

बच्चों को उनका बचपन कैसे लौटाएं?

1. संतुलन बनाएं – पढ़ाई जरूरी है, लेकिन खेल, रचनात्मकता और आराम भी उतने ही महत्वपूर्ण हैं।

2. बच्चों पर अनावश्यक दबाव न डालें – उन्हें यह समझने दें कि असली सफलता सिर्फ अंकों में नहीं, बल्कि खुश और आत्मनिर्भर बनने में है।

3. खेल और मनोरंजन को बढ़ावा दें – स्कूल और घर में खेल-कूद और कला जैसी गतिविधियों को भी महत्व दें।

4. बच्चों से संवाद करें – उनकी भावनाओं को समझें और उनकी रुचियों को समर्थन दें।

सीख जो हम सबके लिए है

बचपन किसी की बंदिशों में नहीं होना चाहिए। एक बच्चे की असली उड़ान उसके नंबरों में नहीं, बल्कि उसकी खुशियों और सीखने की जिज्ञासा में होती है। पढ़ाई ज़रूरी है, लेकिन अगर वह दबाव बन जाए, तो उसका फायदा नहीं, बल्कि नुकसान होता है।

रौनक की नई दुनिया

अब रौनक पढ़ाई भी करता था और खेल भी। उसके अंक सुधरने लगे, लेकिन इससे भी बड़ी बात यह थी कि उसकी मुस्कान लौट आई थी। उसे अब किताबों से प्यार था, लेकिन उसके जीवन में दोस्तों, खेल और सपनों की भी जगह थी।

क्योंकि बचपन सिर्फ किताबों में नहीं, बल्कि हर उस पल में बसता है जब एक बच्चा खुलकर जीता है!

रौनक जिस उम्र से गुजर रहा था इस उम्र में सबको कोई एक ऐसा सख्स चाइये होता है जिससे वह अपनी भावनाएं सांझा करे, क्योंकि उस उम्र में बच्चो के शरीर और मस्तिष्क और काफी बदलवाव होते है, जो बच्चों के लिए बिल्कुल नए होते है और ऐसे में अगर उन्हें अकेला छोड़ दिया जाए या किसी तरह का दबाव बनाया जाए तो ये उनकी मानसिकता पर बुरा प्रभाव भी डाल सकता है।

शायद इसलिए कहा जाता है कि जिंदगी के हर पड़ाव में हर किसी को एक अच्छे दोस्त की जरूरत होती है जिससे वह अपनी सारी परेशानियां बता सके और राकेश सर के आने से पहले रौनक के जीवन मे इसी की कमी थी, इसलिए रौनक सारा दिन किताबों में बिताने के बाद भी अच्छे अंक नही ला पा रहा था।

कई बार अच्छे मित्र का काम माता - पिता भी कर सकते है। शाम को कुछ वक्त अपने बच्चों के साथ बिताना उनके बीते दिन के बारे में उनसे बात करना, घर मे हमेशा बच्चों के लिए कुछ नया करना जिससे बच्चे अपने अंदर छुपे हुनर को पहचान सके, उनके साथ समाज मे हो रही अच्छी बुरी बातों पर चर्चा करना, और इनसे सकारात्मक बातें करना भी इनके मानसिक स्वास्थ्य के लिए अच्छा साबित हो सकता है।

2. अनजाने शहर की दहलीज़ पर

तू परिंदा है खुले आसमान का, उड़ना तो फितरत है तेरी
खुद को पहचानने में देर मत कर मेरी जान,
पंख फैला ले इस आसमा को जरूरत है तेरी
- J.S. AAKASH

यह एक नई शुरुआत थी, एक नए सफर की जोश से भरी लेकिन अनजाने रास्तों से होकर गुजरने वाली। रौनक, एक साधारण सा लड़का, जिसने पहली बार अपने शहर से बाहर कदम रखा था,

रौनक ने जब ट्रेन से उतरकर चारों तरफ देखा, तो उसे अपने शहर की तंग गलियों की याद आ गई। वहाँ हर कोई उसे जानता था, हर नुक्कड़ पर कोई दोस्त मिल जाता था। लेकिन यहाँ? यहाँ हर चेहरा अनजान था, हर गली नई थी, और हर आवाज़ अजनबी। उसके कंधे पर लटका बैग भारी नहीं था, लेकिन मन में जो बेचैनी थी, वह किसी बोझ से कम नहीं लग रही थी।

कॉलेज का मुख्य द्वार सामने था—भव्य, ऊँचा और कुछ ऐसा जिसे देखकर सीने में हलचल सी मच गई। "यही है मेरी अगली चार साल की दुनिया," उसने खुद से कहा। अंदर कदम रखा तो नए चेहरों का समंदर था।

ऊँची इमारतें, खुला मैदान, अनगिनत छात्र—कुछ अपने ग्रुप में हंसते हुए, कुछ अपने ही ख्यालों में खोए हुए। पहली नज़र में, यह एक ऐसी जगह लग रही थी जहाँ दोस्त बनाना आसान नहीं होगा। लेकिन डर और रोमांच का यह अजीब सा मेल उसे और भी उत्साहित कर रहा था।

पहला दिन उसके लिए सपने जैसा था—क्लासरूम की नई खुशबू, प्रोफेसरों की गूंजती आवाजें, नोटबुक में पहली बार लिखी गई बातें। लेकिन असली परीक्षा तब शुरू हुई जब उसने महसूस किया कि यहाँ उसे खुद को साबित

करना होगा—पढ़ाई में, दोस्त बनाने में, और अपनी एक अलग पहचान बनाने में।

पहली ही रात, हॉस्टल के कमरे में अकेले बैठकर उसे अपना पुराना घर याद आया—माँ की आवाज़, दोस्तों की हंसी, मोहल्ले की गलीयाँ। लेकिन यह यादें अब सिर्फ यादें थीं। अब उसे अपने नए सफर को अपनाना था, और यह सफर आसान नहीं होने वाला था।

नया कमरा, नए लोग, और वह अजीब-सी खामोशी जब कोई किसी को ठीक से नहीं जानता। रौनक ने बैग रखा और खिड़की से बाहर देखा—शहर की रोशनी अब भी टिमटिमा रही थी।

रौनक को नहीं पता था कि आने वाले दिनों में क्या होने वाला है। क्या उसे सबसे अच्छे दोस्त मिलेंगे? क्या कोई दुश्मन भी होगा? क्या वह कॉलेज की राजनीति का शिकार बनेगा, या फिर किसी के प्यार की दहलीज़ पर कदम रखेगा? लेकिन एक बात तय थी—यह सफर उसे बदल देगा, उसे सिखाएगा, और उसे एक नए इंसान में ढालेगा।

कॉलेज का पहला दिन था। रौनक के दिल में थोड़ा डर, थोड़ा उत्साह और बहुत-सी उम्मीदें थीं। नया शहर, नए चेहरे, और नई शुरुआत। पहले कुछ दिन तो रौनक खुद में ही खोया रहा, लेकिन फिर वक्त ने उसका अकेलापन चुरा लिया। कुछ दोस्त मिले — वो दोस्त जो चाय की टपरी पर घंटों की बातचीत में जिंदगी का मतलब ढूंढते, जो क्लास बंक करके कैंटीन में बैठते और जिनके साथ हर लम्हा एक किस्सा बनता गया।

धीरे-धीरे रौनक को लगने लगा था कि अब सब कुछ ठीक है। जिंदगी अब पटरी पर लौट आई है। हँसी, बातें, दोस्त... जैसे सब कुछ पूरा हो गया हो। लेकिन ज़िंदगी जब भी पूरी लगती है, तभी अचानक एक नया मोड़ सामने खड़ा हो जाता है — एक ऐसा मोड़ जो सब कुछ बदल देता है।

रौनक की जिंदगी का वो मोड़ था इश्क़

हाँ, इश्क़... वो एहसास जो चुपके से दिल में उतरता है, और फिर वहीं ठहर जाता है। पता ही नहीं चला कब उसका दिल किसी के लिए धड़कने लगा,

कब उसकी नज़रें किसी एक चेहरे को तलाशने लगीं। कॉलेज, दोस्त, चाय, हँसी सब वैसा ही था — बस अब उन सबके बीच एक चेहरा था जो हर चीज़ को खास बना देता था।

रौनक की जिंदगी अब सिर्फ नई नहीं थी, अब वो पहली बार सच में जिंदगी लगने लगी थी।

जिस दिन रौनक ने पहली बार उसे देखा, कुछ नहीं बदला — ना मौसम, ना वक्त की चाल, ना आसमान का रंग — लेकिन फिर भी सब कुछ अलग लगने लगा था। वो लाइब्रेरी में बैठी थी, किताबों की दुनिया में खोई हुई। रौनक की नज़रें कुछ पल को उसी पर टिक गईं।

नाम था उसका अन्वी।

उसका मुस्कुराना जैसे किसी पुराने गीत की धुन हो, जिसे बरसों से सुना तो नहीं गया, लेकिन भूलना भी मुमकिन नहीं। अन्वी से पहली बार बात करना किसी इम्तिहान से कम नहीं था। रौनक ने न जाने कितनी बार खुद से कह कर हिम्मत जुटाई — "आज बोल दूँगा..." लेकिन हर बार बस एक मुस्कान तक बात रह जाती।

फिर एक दिन वही चाय की टपरी, वही शाम, लेकिन उस दिन कुछ खास हुआ। अन्वी भी वहां आई — अकेली। रौनक ने खुद को नहीं रोका। कदम खुद-ब-खुद आगे बढ़े।

"हाय, तुम... अन्वी ना?"

वो मुस्कुराई, "हाँ, और तुम... रौनक?"

बस वही था पहला पन्ना उस किताब का जिसमें अब हर रोज़ एक नया अध्याय जुड़ने लगा। बातें बढ़ने लगीं, मुलाकातें भी। रौनक और अन्वी की दोस्ती कॉलेज के गलियारों से निकलकर दिल के रास्तों तक आ पहुँची।

रौनक अब बस जी नहीं रहा था — वो महसूस कर रहा था हर पल को। दोस्ती के पीछे छुपा वो कोमल-सा इश्क़ अब अपनी जगह बना चुका था। पर क्या अन्वी भी वही महसूस करती थी?

यही सवाल रौनक को रातों की नींद से दूर रखने लगा...

रौनक की अन्वी से दोस्ती गहरी होती जा रही थी। हर दिन की शुरुआत अन्वी के "गुड मॉर्निंग" मैसेज से होती और हर शाम किसी कॉफ़ी या क्लास प्रोजेक्ट की आड़ में साथ बीतती। लेकिन जितनी गहराई बढ़ती जा रही थी, उतना ही रौनक का दिल बेचैन रहने लगा था।

वो जानता था — अब वक़्त आ गया है। उसे अन्वी से अपने दिल की बात कहनी ही होगी।

लेकिन फिर वही डर... 'क्या अगर उसने मना कर दिया?'

यही सोच रौनक को हर बार पीछे खींच लेती।

उसकी इस उलझन को उसके दोस्तों ने जल्दी ही भाँप लिया। एक शाम, कैंटीन की टेबल पर जब रौनक फिर से खामोश बैठा था, उसके सबसे करीबी दोस्त कबीर ने सीधा सवाल दाग दिया —

"भाई, तू बताएगा हमें, या हम तेरा ड्रामा ऐसे ही देखते रहेंगे?"

रौनक ने सब बता दिया — अपने दिल की बात, अपनी हिचकिचाहट, डर और वो हर छोटी बात जो अन्वी को देखकर महसूस होती थी।

दोस्तों ने सुना... और फिर शुरू हुआ एक नया मिशन — "ऑपरेशन इज़हार-ए-इश्क़"

कबीर ने कहा, "भाई, इश्क़ है तो बता दे। रिजल्ट जो भी हो, कम से कम पछतावा नहीं रहेगा।"

रिया, जो रौनक की सबसे समझदार दोस्त थी, बोली, "अन्वी समझदार लड़की है, तू सच्चा है — ये बात अगर उसे बताई जाए दिल से, तो वो जरूर समझेगी।"

अगले कुछ दिन रिहर्सल में निकल गए — क्या कहना है, कैसे कहना है, कहाँ कहना है। आख़िरकार, दोस्तों ने मिलकर तय किया — कॉलेज का ओपन माइक डे सबसे सही मौका है।

रौनक ने अपना नाम लिखा... और उस दिन मंच पर खड़ा हो गया।

भीड़ खामोश थी, और अन्वी पहली कतार में बैठी थी।

रौनक ने गहरी साँस ली और कहा:

"ये कहानी किसी फिल्म की नहीं, ये मेरी हकीकत है।

कभी-कभी कोई ऐसा मिल जाता है, जो तुम्हारे हर दिन में रौशनी भर देता है — अन्वी, वो रौशनी तुम हो। मैं नहीं जानता इसका जवाब क्या होगा, लेकिन ये जानता हूँ कि तुमसे कुछ न कह पाना अब मुमकिन नहीं..." पूरा हॉल तालियों से गूंज उठा। अन्वी की आँखों में हैरानी थी... लेकिन मुस्कान भी।

रौनक मंच से उतरा, दिल धड़क रहा था जैसे अभी बाहर निकल जाएगा। लेकिन तभी अन्वी धीरे से पास आई और कहा: "तुम्हारी हिम्मत ने बहुत कुछ कह दिया रौनक, और शायद अब मेरी बारी है..." रौनक की बातों पर अन्वी मुस्कुरा तो दी थी... लेकिन उसने उस पल कोई जवाब नहीं दिया। सिर्फ एक हल्की-सी मुस्कान और एक रहस्यमयी नज़र — और फिर वो भीड़ में खो गई।

रौनक के दोस्त समझ नहीं पा रहे थे — ये "मुस्कुराहट" हाँ थी या "खामोशी से इंकार"?

अगले दो दिन अन्वी कॉलेज ही नहीं आई। ना कोई मैसेज, ना कॉल का जवाब। रौनक बेचैन हो उठा। जितना इंतज़ार करता, उतना ही उसका दिल टूटने लगता। दोस्तों ने उसे समझाया कि थोड़ा वक्त दो, शायद अन्वी खुद भी उलझन में हो... लेकिन तीसरे दिन जब वो वापस आई, तब कहानी ने असली मोड़ लिया।

अन्वी ने रौनक को लाइब्रेरी के बाहर बुलाया — वही जगह जहाँ पहली बार दोनों की नज़रें मिली थीं। उसने कहा, "रौनक, मुझे तुमसे कुछ ज़रूरी बात करनी है..." रौनक की साँसें अटक गईं।

अन्वी ने नज़रें झुकाईं और बोली — "तुम बहुत खास हो मेरे लिए... लेकिन मेरी जिंदगी में कोई और भी है, जो बहुत पहले से है।" वो एक पुराने रिश्ते की बात कर रही थी — अधूरा, उलझा हुआ, लेकिन अब फिर से उसकी ज़िंदगी

में लौट आया था। रौनक का दिल टूटकर बिखर गया — लेकिन वहाँ खड़े होकर उसने मुस्कुरा दिया। "मैंने सिर्फ अपनी बात कही थी अन्वी, तेरा जवाब चाहे जैसा भी हो... तुझसे सच्चा रिश्ता हमेशा रहेगा।"

वो पल भारी था... लेकिन रौनक अकेला नहीं था। कबीर ने उसके कंधे पर हाथ रखा, रिया ने कहा, "कहानी का हीरो हमेशा जीतता नहीं... कभी-कभी उसका हारना ही सबसे बड़ी जीत होती है।"

पर कहानी यहीं खत्म नहीं हुई...

अगले हफ्ते, कॉलेज में एक नए स्टूडेंट की एंट्री हुई। तेज, बेबाक, और रौनक जैसी ही कहानियों में खोया रहने वाला — नाम था अयान। लेकिन ट्विस्ट ये था... अयान सिर्फ नया स्टूडेंट नहीं था — वो अन्वी की ज़िंदगी का "कोई और" था। और उसके आने के बाद... सच्चाई का एक और चेहरा सामने आने वाला था।

कॉलेज में अयान की एंट्री ने सबका ध्यान खींचा, खासकर जब ये पता चला कि वो अन्वी की ज़िंदगी से जुड़ा है। रौनक ने खुद को पीछे कर लिया, लेकिन उसकी आँखों में अब भी वो सवाल थे — आखिर अयान है कौन? एक दिन कबीर को अयान कैंटीन में किसी से उलझते देखा — बात किसी प्रोजेक्ट की नहीं थी, वो कुछ छुपा रहा था। रिया ने अन्वी से सीधा सवाल किया, "क्या अयान तुम्हारा बॉयफ्रेंड है?"

अन्वी थोड़ी देर चुप रही, फिर बोली — "अयान... मेरा पहला प्यार था, लेकिन अब नहीं है। वो एक अधूरी कहानी थी, जिसे मैं खुद भी भुला नहीं पाई थी। लेकिन उसका वापस आना, मेरे लिए भी उतना ही चौंकाने वाला है जितना तुम्हारे लिए।"

पर सच्चाई इससे कहीं ज़्यादा गहरी थी...

कबीर और रौनक ने मिलकर अयान के बारे में पता लगाना शुरू किया। कुछ पुरानी तस्वीरें, पुराने सोशल मीडिया पोस्ट्स, और एक नाम जो बार-बार सामने आया — "रीना"। रीना — अयान की एक्स। और जब रिया ने उस नाम को ढूंढा, तो एक चौंकाने वाला सच सामने आया। रीना ने एक ब्लॉग पर पोस्ट

किया था — "उसने सिर्फ मेरा नहीं, कई लोगों का भरोसा तोड़ा है। उसके लिए प्यार एक खेल था।"

रौनक के सामने अब दो रास्ते थे — वो चुप रहे, अन्वी को खुद सच्चाई जानने दे। या वो दोस्त बनकर उसका दिल टूटने से पहले उसे बचा ले। लेकिन रौनक ने एक तीसरा रास्ता चुना — इश्क़ और सच्चाई को साथ लेकर चलने का।

अगले दिन उसने फिर से ओपन माइक में हिस्सा लिया। इस बार उसका दिल थोड़ी ठहराव के साथ बोल रहा था।

"कभी-कभी इश्क़ सिर्फ किसी को पाने का नाम नहीं होता,

बल्कि उसे सही रास्ता दिखाने का भी नाम होता है।

अन्वी, मैंने तुमसे मोहब्बत की है — और आज भी करता हूँ।

लेकिन मोहब्बत से पहले, मैं तुम्हारा दोस्त हूँ... और तुम्हें एक धोखे से बचाना मेरा हक़ भी है, फ़र्ज़ भी।" रौनक ने फिर मंच से उतरते हुए एक फोल्डर अन्वी को थमाया — उसमें अयान के पुराने रिश्तों और रीना की पोस्ट्स का सच था। अन्वी देर तक सब पढ़ती रही... और फिर पहली बार उसकी आँखों में रौनक के लिए कुछ अलग था — सिर्फ दोस्ती नहीं, भरोसा... और शायद प्यार भी। रौनक के शब्दों ने अन्वी के दिल को झकझोर दिया था। वो अब भी उसी ओपन माइक के पीछे बैठी थी, हाथ में रौनक द्वारा दिया गया फोल्डर और दिल में अयान की सच्चाई का बोझ।

वो रात अन्वी के लिए एक तूफान जैसी थी — और उस तूफान में जो सबसे शांत था, सबसे सच्चा था... वो था रौनक।

अगले दिन, क्लास के बाद अन्वी ने रौनक को मैसेज किया - "लाइब्रेरी चलोगे? वहीं जहां सब शुरू हुआ था..." रौनक पहुँचा... वहीं उसी पुरानी टेबल पर। अन्वी पहले से मौजूद थी, और उसके सामने एक चाय के दो कप रखे थे — जैसे जवाब पहले ही तैयार था। "तुमने जब पहली बार इज़हार किया था, तब मैं उलझी हुई थी," अन्वी बोली, "और जब दूसरी बार किया... तब तुमने साबित किया कि इश्क़ सिर्फ पाने का नहीं, निभाने का नाम है।"

रौनक चुपचाप सुन रहा था।

अन्वी मुस्कुराई — वही पहली सी मुस्कान, लेकिन इस बार उसमें कुछ और था। "मैंने अयान को अलविदा कह दिया। और अब मैं किसी नए सफर पर चलना चाहती हूँ... तुम्हारे साथ।" रौनक का दिल जैसे एकदम से थम गया — और फिर उसी धड़कन ने एक नई शुरुआत की दस्तक दी।

अन्वी ने रौनक का हाथ थाम लिया, और बोली, "हाँ, रौनक... मैं भी तुमसे मोहब्बत करती हूँ। अब और नहीं छुपाऊँगी।" कभी जो इश्क़ चुपचाप शुरू हुआ था, अब सबके सामने था — बेखौफ, बेपरवाह और बेहिसाब।

कबीर, रिया और बाकी दोस्तों ने अगले दिन चाय की टपरी पर छोटा-सा जश्न रखा — इश्क़, दोस्ती और सच्चाई की जीत का। और यूँ रौनक की अधूरी सी लगती कहानी, अब एक मुकम्मल किताब बन चुकी थी — वो जिसमें हर पन्ना गुस्कराता था, और हर अल्फ़ाज़ इश्क़ की खुशबू से भीगा था।

"वो आखिरी शाम"

रौनक की ज़िंदगी कॉलेज के गलियारों में जैसे खिल उठी थी। पहली बार जब वो अपने सूटकेस के साथ उस पुराने हॉस्टल में दाखिल हुआ था, तो आंखों में एक अजीब-सी चमक थी—जैसे कोई नया सपना देखा हो। शुरू-शुरू में सब अजनबी थे, फिर एक दिन वही अजनबी दोस्त बन गए, और देखते ही देखते, दोस्त...परिवार बन गए।

हर शाम कैंटीन के कोने की वो टेबल, जहां चाय की भाप के साथ हँसी भी उठती थी। कोई पढ़ाई की टेंशन में होता, तो कोई अपने क्रश की बातों में खोया रहता। और रौनक? वो तो हर किस्से का हिस्सा था—कभी सुनने वाला, तो कभी सुनाने वाला।

क्लासेस बंक करना, रात भर हॉस्टल की छत पर बैठे रहना, या किसी का दिल टूटने पर पूरी टोली का उदास हो जाना—ये सब जैसे रौनक की कहानी

में रंग भर रहे थे। लेकिन जैसे-जैसे फाइनल ईयर पास आने लगा, रौनक को एहसास होने लगा कि ये सब हमेशा का नहीं है।

एक शाम, जब सूरज ढल रहा था और हॉस्टल की बालकनी से आसमान सुनहरा लग रहा था, रौनक ने धीमे से कहा, "यार, सोचो...कुछ दिन बाद हम सब यहाँ से चले जाएंगे। तुम लोग अपने शहर, मैं अपने... फिर न ये चाय की दुकानें होंगी, न ये देर रात तक की मस्तियाँ..."

सब चुप हो गए। हँसी के बीच एक अजीब-सी खामोशी उतर आई थी।

"प्यार तो शायद साथ रह जाएगा," रौनक बोला, "पर दोस्त... वो फिर कहाँ मिलेंगे? और मिले भी, तो ऐसे कैसे? न वो फुर्सत होगी, न वो जवानी का जुनून।"

किसी के पास जवाब नहीं था। सब जानते थे, रौनक सच कह रहा है।

वो आख़िरी दिन... जब हॉस्टल खाली हो रहा था, कमरों की दीवारें भी जैसे अलविदा कह रही थीं। रौनक ने एक बार फिर कैंटीन की उस टेबल को देखा। उसकी आँखों में थोड़ी नमी थी। हर चीज़ जैसे धीमे-धीमे उससे दूर जा रही थी—उसके दोस्त, उसकी कॉलेज लाइफ, उसकी आज़ादी।

पर एक बात उसने उस दिन खुद से वादा की—"मैं इन लम्हों को खुद में ज़िंदा रखूँगा। ये दोस्त, ये मस्ती, ये चाय की चुस्कियाँ... ये मेरी कहानी का वो हिस्सा हैं जो कभी खत्म नहीं होंगे। और हाँ, शायद कहीं, किसी मोड़ पर फिर मिल जाएं—किसी पुराने चायवाले की दुकान पर, किसी याद भरी गलियों में।"

रौनक की ये कहानी वहीं खत्म नहीं होती... क्योंकि वो जो दिल से जिए हुए लम्हें होते हैं, वो कभी मरते नहीं। और जो दोस्त दिल में बस जाते हैं, वो फासलों से मिटते नहीं।

3. नए शहर की पुरानी तन्हाई

बीत जाएंगे दिन और यूहीं बीतती रहेंगी ये राते
अगर चाहते हो जिंदगी में कुछ करना
तो शुरू करो करना खुद से खुद की बातें।
- DR. UTSAV GUPTA

एक ज़िंदगी थी—जिसमें बचपन था, मासूमियत थी, कंचों का खेल और गलियों की आवाज़ें थीं। तो ज़िंदगी कब बीत गई, पता ही नहीं चला।

फिर आई दूसरी ज़िंदगी—कॉलेज की। दोस्ती, बेवकूफियाँ, मोहब्बत, दिल की धड़कनें और टूटे हुए सपनों की किरचें। वो भी बीत गई... जैसे कोई ख्वाब जो सुबह आँख खुलते ही फीका पड़ जाता है।

अब सब कुछ पीछे छूट चुका था।

क्योंकि अब, समाज की नज़रों में मैं "बड़ा" हो चुका था। मेरे कंधों पर अब धीरे-धीरे जिम्मेदारियों का बोझ लादा जा रहा था। और मैं? मैं बस किसी तरह इस नई ज़िंदगी में खुद को ढालने की कोशिश कर रहा था।

मैं रौनक हूँ। और ये मेरी कहानी है।

मैं अपने शहर लौट आया था। पुराने रास्ते, पुराना घर... लेकिन अब वो सब कुछ बदला-बदला सा लगता था। दोस्त पीछे छूट चुके थे, मोहब्बत किसी पुराने खत की तरह किताबों में दब गई थी। और अब? अब मेरे पास एक नौकरी थी।

हां, वही नौकरी... जो मैं कभी करना ही नहीं चाहता था।

हर सुबह ठीक समय पर अलार्म बजता, मैं नींद में करवट बदलता, फिर खुद को उठने के लिए मजबूर करता। ऑफिस जाता, कंप्यूटर स्क्रीन पर घूरता, मीटिंग्स झेलता, और फिर शाम को थका-हारा घर लौट आता।

शायद मेरी तरह और भी कई लोग होंगे—जिनकी आँखों में बड़े-बड़े ख्वाब पलते होंगे, पर मजबूरियाँ उन्हें रास्ता बदलने पर मजबूर कर देती हैं। क्या सिर्फ इसलिए कि पढ़ाई खत्म हो गई, हम पर नौकरी का ठप्पा लग जाना चाहिए?

क्या वक़्त माँगना गलत है?

क्या खुद को तलाशने के लिए थोड़ा भटकना जुर्म है? लेकिन नहीं... मेरे और मेरी मंज़िल के बीच एक चीज़ खड़ी थी—समाज।

समाज जिसे लगता है कि डिग्री मिली नहीं और नौकरी लगी नहीं, तो ज़िंदगी बेकार है। अब आप ही बताइए... क्या ये बात सही है?

वो सुबह भी बाकी दिनों जैसी ही थी—सुनसान, फीकी, और ठंडी। मैंने खिड़की से बाहर देखा, जहाँ सूरज की रोशनी इमारतों के पीछे से झाँकने की कोशिश कर रही थी। लेकिन मेरे अंदर कोई उजाला नहीं था।

नाश्ता अधूरा छोड़कर मैं काम पर निकल पड़ा।

ऑफिस की भीड़, लोगों की चहलकदमी, कॉफी मशीन के पास होती गॉसिप्स... लेकिन उस सब में मैं नहीं था। मैं वहाँ था, लेकिन मेरे भीतर एक खालीपन था, जिसे कोई देख नहीं सकता था।

नौकरी मेरी मजबूरी थी, मेरा सपना नहीं।

रात को जब सब थककर चैन की नींद सो जाते, मैं जागता था—पुराने दोस्तों की चैट्स पढ़ता, कॉलेज के वीडियो दोबारा देखता, और एक नाम... जो दिल के सबसे कोने में आज भी धड़कता था—अवनि। हाँ, अवनि... जिसके साथ मैंने ज़िंदगी का सबसे खूबसूरत ख्वाब देखा था।

अवनि मेरी पहली मोहब्बत थी... और शायद आख़िरी भी।

वो हँसती थी तो ऐसा लगता था जैसे पूरी दुनिया मुस्कुरा रही हो। उसके साथ वक्त जैसे उड़ता था—हर पल एक कहानी, हर मुलाकात एक जादू।

लेकिन जादू टिकता कहाँ है इस दुनिया में?

कॉलेज खत्म हुआ, और मोहब्बत भी धीरे-धीरे वक़्त के साथ धुँधली हो गई। ना उसने कुछ कहा, ना मैंने।

पर इतना ज़रूर जानता हूँ—हम दोनों में से किसी के पास वो हिम्मत नहीं थी जो इस समाज से लड़ सके।

आज जब कभी उसका नाम सुनता हूँ, दिल एक पल को रुक जाता है। कभी-कभी लगता है... अगर उस दिन मैंने उसका हाथ थाम लिया होता, तो क्या आज कहानी कुछ और होती?

उस शाम ऑफिस से लौटते वक्त मैं थक कर बुरी तरह चूर था दरवाज़ा खोला और बैग को एक कोने में फेंक दिया। टीवी ऑन किया, लेकिन आवाज़ें बस शोर लग रही थीं। मैं चुपचाप खिड़की के पास गया, जहाँ पुरानी किताबों का ढेर रखा था। उन्हीं किताबों के बीच एक पुराना लिफ़ाफ़ा गिरा—पीला सा, हल्का धूल भरा। वो अवनि का लिखा आख़िरी खत था।

लफ़्ज़ वैसे ही थे जैसे तब थे, लेकिन आज उनमें एक नई आग थी।

"रौनक, अगर कभी लगे कि दुनिया तुम्हारे रास्ते रोक रही है, तो एक बार खुद से पूछना—क्या तूने खुद से कभी सच में लड़ाई की है?"

मैं ठहर गया।

ये सवाल मेरी रगों में गूंजने लगा।

मैंने खुद से पूछा—क्या मैंने कभी सच में कोशिश की थी अपने ख्वाबों के लिए? या मैं बस बहानों की चादर ओढ़कर चलता गया? उसी रात नींद नहीं आई। मैं छत पर लेटा रहा, तारों को ताकता, और पहली बार मेरे अंदर कुछ जागा... कुछ टूटने जैसा नहीं, कुछ बनने जैसा।

ऐसा महसूस हुआ... जैसे भीतर कहीं कोई सोई हुई रौशनी अचानक से भड़क उठी हो। मानो किसी ने मेरी आत्मा को झकझोर कर जगा दिया हो। वो कोई और नहीं, मैं खुद था—लेकिन इस बार, खुद को पहले से कहीं ज्यादा साफ़ देख पा रहा था।

स्टेज पर वो पल... जब मैंने माइक थामा था और सबकी नज़रों के सामने खड़ा होकर अवनि के लिए कुछ कहा था—वो सिर्फ शब्द नहीं थे, वो मेरी आवाज़ थी, मेरे भीतर के उस टैलेंट की पहली दस्तक थी। लेकिन मज़े की बात ये थी कि उससे पहले, उस टैलेंट को किसी और ने मुझसे पहले देख लिया था।

अवनि, वो हमेशा कहा करती थी—"रौनक, तू बोलता है तो लगता है कोई कहानी चल रही है... तू लिखता है, तो जज़्बात खुद-ब-खुद उतर जाते हैं कागज़ पर। अपनी इस आवाज़ को यूँ ही मत बहने देना, इसे दिशा देना, उड़ान देना।"

आज जब मैं पीछे मुड़कर देखता हूँ, तो समझ आता है कि प्रकृति हर किसी को एक तोहफ़ा देती है—एक अनमोल गुण, एक छिपा हुआ हुनर। फर्क सिर्फ इतना होता है कि कोई उस तोहफ़े को समय पर खोल लेता है, और कोई ज़रा देर से।

लेकिन सबसे ज़रूरी बात ये है... "हर किसी की ज़िंदगी में कोई एक ऐसा इंसान ज़रूर होता है जो आपको आपसे बेहतर जानता है।" जो आपके उस गुण को पहचान लेता है, जब आप खुद भी उससे अनजान होते हैं।

मेरे लिए वो इंसान अवनि थी।

और शायद यही शुरुआत थी उस रौनक की, जो अब अपने नाम को सच कर रहा था— "एक रौशनी, जो अब खुद अपने रास्ते को जगमगाने लगी थी।"

"कदमों के निशान"

वक़्त बीत चुका था। मोहब्बत की वो मीठी परछाई अब साथ नहीं थी। बेशक आज मेरे साथ अवनि नहीं थी, लेकिन उसकी कही कुछ बातें अब भी मेरी

साँसों में गूंजती थीं—कभी तसल्ली बनकर, कभी चुपचाप धक्का देकर आगे बढ़ा देने वाली ताक़त बनकर।

सुबह से शाम तक की नौकरी, हर महीने की सैलरी, और उम्र के साथ कंधों पर चढ़ती जिम्मेदारियाँ... यही मेरी दुनिया थी अब। लेकिन इस दुनिया के शोर में भी, कहीं न कहीं मेरी अपनी आवाज़ फिर से सुनाई देने लगी थी।

मैं, रौनक, जिसने एक दौर में अपने ही ख्वाबों को वक्त की धूल के नीचे दबा दिया था, अब दोबारा उन्हें ज़िंदा करने लगा था।

हर दिन ऑफिस से लौटते वक़्त जब थकान मुझे चुप रहने को कहती, दिल कहता—"बोल रौनक, अपनी कहानी सुना।" और मैंने सुनाना शुरू किया। धीरे-धीरे वो आवाज़ सिर्फ मेरी नहीं रही। वो उन सबकी हो गई, जो सपनों को ठुकराकर जिम्मेदारियों की चक्की में पीसे जा रहे थे।

मैंने माँ-बाप के सपने भी जिए—उन्हें वो आराम और खुशी दी, जिसकी उन्होंने कल्पना की थी। और साथ ही, अपने सपनों को भी थामे रखा, उन्हें साँस दी, उन्हें उड़ान दी। और जब ज़िंदगी की किताब में कुछ सफे पलटे, जब थोड़ा रुककर पीछे देखा, तो एक बात साफ़ समझ आई—दुनिया क्या कहती है, किसे फर्क पड़ता है?

असल फर्क इस बात से पड़ता है कि आप खुद अपने लिए क्या करते हैं। अब जब कोई मेरी कहानी सुनता है, तो उसकी आँखों में एक चमक होती है। अब लोग अपने बच्चों से कहते हैं—"देखो, रौनक जैसा बनो।"

और शायद, यही सबसे बड़ी जीत है—जब लोग आपके चलकर आए रास्तों को मिसाल बना लें, और आपके कदमों के निशानों में अपने सपनों की तस्वीर ढूँढें।

अब मैं कहानियाँ लिखने लगा था—सिर्फ कागज़ पर नहीं, बल्कि लोगों के दिलों में। मेरी कहानियाँ उनके जज़्बातों को आवाज़ देतीं, वो जो अक्सर अनकहे रह जाते थे। जब मैं सुनाता, ऐसा लगता जैसे कोई अपने ही दिल की बात सुन रहा हो... और उसी रास्ते मैं उनके अपनों तक उनके एहसास पहुँचा देता था।

लेकिन जब फुर्सत मिलती, जब भीड़ छंटती और शोर थमता—मैं लौट आता अपने उसी अधूरे इश्क़ की ओर। अवनि... वो मेरे पास नहीं थी, पर मुझसे दूर भी नहीं थी। वो मेरी हर स्याही में थी, हर शायरी में, हर जज़्बात में। मैं उसे अपने ही लफ़्ज़ों में देखता, महसूस करता—जैसे वो अब भी यहीं हो... मेरे पास।

मेरा ये सफ़र भी कम खूबसूरत नहीं था। मैंने न तो उन दोस्तों का साथ छोड़ा जो कॉलेज की गलियों में मिले थे, और न ही उन सपनों से मुँह मोड़ा जिनके लिए मैं हर रोज़ जीता था। रास्ते मुश्किल थे, पर हौसले भी बुलंद थे।

मैंने अपने अधूरे इश्क़ को एक मक़सद बना लिया था, और अपनी कहानियों को उम्मीद। अब मेरा हर क़दम न सिर्फ़ मुझे आगे ले जाता था, बल्कि औरों को भी उनके रास्ते दिखाता था।

"असफल होने से ज्यादा बेकार है कोशिश ही ना करना इसलिए असफल होने की चिंता छोड़ के जब प्रयास करोगे तभी तो सफलता मिलने की उम्मीदहै।"

4. पुराने रास्तों की नई दस्तक

ज़िंदगी की राहों में तुम्हारे भी इम्तिहान होंगे
उम्र बाकी है तुम्हारी अभी तो हादसे तमाम होंगे
- *J.S. AAKASH*

ज़िंदगी कभी एक सी नहीं रहती। ये हमेशा रास्ते बदलती है, नए मोड़ दिखाती है। पर असली सवाल ये नहीं होता कि मोड़ आया या नहीं—असली सवाल ये होता है कि "क्या तुम उस मोड़ पर रुक कर सोचोगे, या बिना देखे-समझे आगे बढ़ जाओगे?"

रौनक के लिए अब तक हर मोड़ एक इम्तिहान रहा था। वो वही लड़का था जो हर उलझन से खुद को खींच कर बाहर लाता रहा। जिसे जो रास्ते मिले, वो उन पर बिना शिकायत चले। जिसने उम्मीदों का बोझ बिना सवाल उठाए ढोया। और यही वजह थी कि हर बार जब ज़िंदगी किसी मोड़ पर लाकर खड़ी करती, रौनक सीधा आगे बढ़ जाता, बिना पीछे देखे।

लेकिन... ज़िंदगी की सबसे अजीब बात यही होती है—"वो तुम्हें कभी-कभी फिर से वहीं लाकर खड़ा कर देती है, जहाँ से तुमने सबकुछ छोड़ दिया था।"

उसे भी नहीं पता था ऐसा क्यों होता है। शायद ज़िंदगी खुद तुम्हारी हिम्मत का इम्तिहान लेती है। "कभी एक कदम आगे धकेलती है, तो कभी एक कदम पीछे खींच लाती है।" और जब वो एक कदम पीछे ले आती है, तब कई पुराने चेहरे सामने आ जाते हैं—वो चेहरे जो कभी बेहद करीब हुआ करते थे... और फिर कहीं खो गए।

एक बार फिर उसे मौका मिला उन्हें तलाशने का, उन्हें देखने का। पर इस बार कुछ बदला हुआ था। वक़्त ने बहुत कुछ बदल दिया था। कुछ बदलाव उम्र के साथ आए थे—जैसे ज़िम्मेदारियाँ, थकान, या समझदारी। और कुछ बदलाव उसने खुद अपने अंदर आने दिए थे—जैसे ठहराव, अकेलापन या चुपचाप सह लेने की आदत।

रौनक अब उस मोड़ पर था जहाँ से उसे दोबारा सोचने का मौका मिला था। पर इस बार वो वैसा नहीं था जैसा पहले था। अब वो जानता था कि हर मोड़ से सीधा निकल जाना बहादुरी नहीं होती—कभी-कभी रुक कर देखना, समझना, और शायद पलटना भी ज़रूरी होता है।

रौनक एक पुराने कैफे के सामने खड़ा था। वही कैफे जहाँ कभी वो घंटों बैठा करता था—अवनी के साथ। वही अवनी, जिसके साथ उसने हँसते हुए वक़्त को रोका था, और रोते हुए खुद को भुला दिया था।

कितना अजीब है ना? जो जगहें कभी हमारी थीं, वक़्त के साथ वही हमें पराई लगने लगती हैं। लेकिन आज उस मोड़ ने रौनक को फिर उसी जगह ला खड़ा किया था। क्या ये इत्तेफाक था? या शायद किस्मत की कोई खामोश साजिश?

वो जानता था कि शायद अवनी अब पहले जैसी नहीं रही होगी। शायद अब वो किसी और की ज़िंदगी में हो। शायद उसने रौनक को भी वैसे ही पीछे छोड़ दिया हो जैसे वक्त ने उस दौर को। पर ये 'शायद' ही तो सबसे बड़ा सवाल था, और सवालों से भागना अब रौनक की आदत नहीं थी।

वो जानता था कि हर वापसी एक मौका होती है—या तो खुद को साबित करने का, या खुद को समझने का। और ये मौका उसने गंवाया तो शायद फिर कभी न मिले।

"मैं बस ये जानना चाहता हूँ कि क्या वक़्त के साथ सिर्फ हालात बदले हैं या हम भी..."—रौनक ने मन ही मन सोचा।

अंदर कदम रखा तो हर दीवार जैसे उससे कुछ कहने लगी। वही खामोश कोने, वही कॉफी की खुशबू, वही लकड़ी की पुरानी टेबल... बस एक चेहरा कम था।

और तभी—उसने देखा उसे। अवनी... कुछ बदल चुकी थी। पहले से शांत, पहले से गम्भीर, लेकिन उसकी आँखों में वो ही पुरानी पहचान थी। जैसे वक़्त बीता हो, लेकिन एहसास आज भी वहीं रुका हो।

कुछ पल दोनों की नज़रें मिलीं। वो एक पल, रौनक की सारी उलझनों का जवाब बन गया।

वो पल बता गया कि ज़िंदगी में मोड़ तो आएंगे ही, लेकिन कभी-कभी उन्हीं मोड़ों पर खड़े होकर, हम अपना 'खुद' वापस पा सकते हैं।

अधूरी बातों की मुलाक़ात

कैफ़े के कोने में एक खाली टेबल थी—जहाँ कभी दो कॉफ़ी रखी जाती थीं, आज एक अकेली पड़ी थी।

अवनी ने नज़रें नहीं चुराईं। कुछ पलों की खामोशी के बाद, वो बोली—

"मुझे यहाँ देखकर हैरानी तो नहीं हुई?"

रौनक हल्का सा मुस्कराया, "हैरानी नहीं... शायद ये वही मोड़ है जहाँ से हमारी कहानी अधूरी रह गई थी। और अब वक़्त ने दोबारा वही पन्ना खोल दिया है।"

अवनी चुप रही। उसकी आँखों में कुछ था—न शिकायत, न अफ़सोस... बस वो अधूरी सी राहत जो किसी पुराने अपने को देखकर आती है।

"कैसे हो?" उसने पूछा।

"ठीक हूँ... या शायद अब ठीक होने लगा हूँ," रौनक ने जवाब दिया।

कुछ सेकंड दोनों चुप रहे। फिर रौनक ने वो सवाल पूछ ही लिया जो सालों से उसके अंदर कहीं क़ैद था—

"तुमने क्यों छोड़ा था अवनी? बिना कुछ कहे... बिना कुछ सुने?"

अवनी की आँखों में एक लहर सी उठी। वो पलकें झपकाते हुए बोली—

"कभी-कभी कुछ फैसले लेने पड़ते हैं, जो हमें खुद भी नहीं समझ आते... मैं तुम्हारे सपनों के रास्ते में नहीं आना चाहती थी, रौनक। और शायद उस वक्त, मुझे यही सही लगा।"

"पर तुम मेरी राह नहीं थी, अवनी... तुम मेरा मक़सद थी," रौनक की आवाज़ भारी थी।

"मक़सद वक्त के साथ बदल भी तो जाते हैं..." उसने कहा, मानो खुद से भी लड़ रही हो।

रौनक ने उसकी आँखों में देखा—वहाँ अभी भी एक कोना था, जो उसके नाम से धड़कता था। मगर वक़्त ने दोनों के बीच एक अदृश्य दीवार खड़ी कर दी थी।

"मैं वापस नहीं आया हूँ कुछ पाने... बस ये समझने आया हूँ कि क्या हम सच में अधूरे थे, या हमने खुद ही खुद को अधूरा बना दिया?"

अवनी के होंठ हिले, लेकिन कुछ कहा नहीं गया। शायद उसके पास भी जवाब नहीं था। या शायद वो जानती थी कि अब जवाबों से कुछ फर्क नहीं पड़ता।

पर उस बातचीत ने कुछ बदल दिया था—रौनक के अंदर कुछ हल्का हो गया था। और अवनी के चेहरे पर एक मुस्कान थी... अधूरी, लेकिन सच्ची।

शायद कुछ कहानियाँ पूरी नहीं होतीं... लेकिन वो हमें पूरा बना जाती हैं।

जब वक़्त ने साथ दिया

उस दिन कैफ़े में जो खामोश मुलाक़ात हुई थी, वो एक बीज बन गई थी—एक नए रिश्ते का, एक नए भरोसे का। रौनक ने कभी उम्मीद नहीं की थी कि ज़िंदगी दोबारा उसे ये मोड़ देगी। पर अब जब दिया था, तो वो तय कर चुका था—

इस बार वो सिर्फ देखेगा नहीं... थामेगा भी।

रौनक अब वही लड़का नहीं था जो कभी टूटी उम्मीदों में खुद को समेटता फिरा करता था। अब वो एक सफल इंसान था—अपने काम में, अपने सोच में, और सबसे बढ़कर, खुद के अंदर। उसने अपने सपनों को पाया था, लेकिन साथ ही अब उसे समझ आ गया था कि कुछ सपने अकेले नहीं जिए जा सकते।

अवनी भी बदली थी—उसके अंदर पहले जैसी मासूमियत अब परिपक्व हो चुकी थी। वो जानती थी कि रौनक अब सिर्फ एक कहानी नहीं, एक सफ़र बन चुका है। और इस बार, जब रौनक ने उसका हाथ थामा... तो अवनी की आँखों में एक सवाल नहीं था, बल्कि सुकून था।

"इस बार अगर तू मेरा हाथ छोड़ेगा, तो मैं तेरा रास्ता रोक लूँगी," अवनी ने हँसते हुए कहा।

रौनक ने उसकी तरफ देखा, मुस्कुराया और कहा—

"अब मेरा रास्ता और मेरा मक़सद, दोनों एक ही हैं—तू।"

वक़्त जो कभी दोनों को अलग ले गया था, अब उन्हें फिर से जोड़ रहा था। इस बार ना कोई अधूरी बात थी, ना कोई छूटी हुई उम्मीद।

रौनक ने उसे अपने लोगों से मिलवाया। अपनी दुनिया में जगह दी। और एक शाम, जब सूरज ढल रहा था और शहर अपनी रफ़्तार में खोया हुआ था—रौनक ने अवनी का हाथ थामकर कहा,

"अब मैं सिर्फ ज़िंदगी से नहीं, तुझसे भी वादा करता हूँ—तेरा साथ अब हर मोड़ पर होगा... चाहे रास्ता आसान हो या मुश्किल।"

अवनी ने बिना कुछ कहे उसकी उंगलियों को कसकर थाम लिया। जवाब ज़रूरी नहीं था, क्योंकि इस बार जो रिश्ता बना था, वो शब्दों से कहीं आगे था।

मुझे यानी रौनक को जिंदगी ने फिर एक मौका दिया था अपने दोस्तों अपने रिश्तों को फिर से जोड़ने का... ऐसा नही था कि मेरी शिकायते अब जिंदगी से खत्म हो नही शिकायते अब भी है लेकिन पहले से कुछ कम... मैने बचपन से अब तक के बीते जिंदगी के उन अधूरे किस्सों को पूरा किया खुद को ठीक किया और अंत मे पीछे छूट चुके सभी रिश्तें जिनमे मेरी मोहब्बत और मेरे दोस्त थे सबको वापस पाया, मेरे दोस्तों को जब मैने शादी का कार्ड भेजा तब भी उन्हें यकीन नही हुआ कि मेरी और अवनि की शादी हो रही है लेकिन ये सच था।

कुछ कहानियाँ पूरी होकर भी खत्म नहीं होतीं। रौनक और अवनी की कहानी अब शुरू हुई थी—सच्चे प्यार, साझे सपनों, और हर मोड़ पर साथ निभाने के वादे के साथ।

कहानी के अंत मे कुछ बातें हैं जो बतानी जरूरी लगती है मुझे--

"दोस्तों जिंदगी कोई रेस नही बल्कि एक मैराथन है, जिसमे कौन कितना तेज चल रहा है मायने नही रखता,

मायने रखता है तो बस चलना और चलते - चलते अपनी मंजिल तक पहुँचना ये सीख मुझे बचपन मे अपनी माँ से सुनी खरगोश और कछुए की उस कहानी से मिली जिसके अंत मे जीत कछुए की हुई थी।

"THANK YOU"

"मैं चल रहा हूँ, ताकि कोई और रुक न जाए"

PODCASTS, QUOTES, STORIES

@J.S.DAIRY

EPILOGUE

www.ingramcontent.com/pod-product-compliance
Lightning Source LLC
Chambersburg PA
CBHW020518160726
47991CB00007B/3019